L'ARCHITECTURE PRIVÉE

AU XIXe SIÈCLE

L'ARCHITECTURE PRIVÉE

AU XIXᴱ SIÈCLE

(DEUXIÈME SÉRIE)

NOUVELLES MAISONS DE PARIS ET DES ENVIRONS

PAR

M. CÉSAR DALY

ARCHITECTE DU GOUVERNEMENT

Directeur-fondateur de la *Revue générale de l'Architecture et des Travaux publics* (*XXXIᵉ année d'existence*);
Auteur des *Motifs historiques d'Architecture et de Sculpture d'ornement, des XVIᵉ, XVIIᵉ et XVIIIᵉ siècles*, *1ʳᵉ et 2ᵉ séries*, chacune de 2 vol. in-folio (*Décorations extérieures et intérieures*);
De l'*Architecture privée au XIXᵉ siècle* (*Nouvelles Maisons de Paris et des Environs*), *1ʳᵉ et 2ᵉ séries*, chacune de 3 vol. in-folio;
Des *Théâtres de la place du Châtelet* (Paris), en collaboration, 1 vol. in-folio, et
De l'*Architecture funéraire contemporaine*, 1 vol. in-folio.

MEMBRE ÉTRANGER DE L'ACADÉMIE ROYALE DES BEAUX-ARTS DE STOCKHOLM, MEMBRE HONORAIRE ET CORRESPONDANT
DE L'INSTITUT ROYAL DES ARCHITECTES BRITANNIQUES, MEMBRE ASSOCIÉ HONORAIRE DE L'ACADÉMIE IMPÉRIALE DE SAINT-PÉTERSBOURG,
MEMBRE ASSOCIÉ DE L'ACADÉMIE ROYALE DES BEAUX-ARTS DE BELGIQUE,
MEMBRE DE L'ACADÉMIE ROYALE DES BEAUX-ARTS DES PAYS-BAS, MEMBRE HONORAIRE DE L'INSTITUT AMÉRICAIN DES ARCHITECTES,
MEMBRE HONORAIRE DE LA SOCIÉTÉ POUR LA PROPAGATION DE L'ARCHITECTURE D'AMSTERDAM,
MEMBRE ASSOCIÉ CORRESPONDANT DE L'ASSOCIATION DES ARCHITECTES CIVILS PORTUGAIS, A LISBONNE,
MEMBRE CORRESPONDANT DE L'ACADÉMIE DES BEAUX-ARTS DE FLORENCE,
MEMBRE DE LA SOCIÉTÉ DE GÉOGRAPHIE DE PARIS, ETC., ETC.

Premières Médailles pour ses publications, aux Expositions universelles de 1855 (Paris) et de 1862 (Londres),
et Médaille d'argent à l'Exposition universelle de 1867 (Paris).

TROISIÈME VOLUME

DÉCORATIONS INTÉRIEURES DES ÉTABLISSEMENTS DE COMMERCE

ET DES HABITATIONS DE VILLE ET DE CAMPAGNE

PARIS

DUCHER ET Cᴵᴱ, ÉDITEURS

LIBRAIRIE GÉNÉRALE DE L'ARCHITECTURE ET DES TRAVAUX PUBLICS

6, RUE SORBONNE, 6

1872

ARCHITECTURE PRIVÉE

(DEUXIÈME SÉRIE)

VOLUME III — SECTION Ire

Établissements de commerce : Décorations intérieures de Magasins, de Restaurants, de Cafés, etc., etc.

(DIX-HUIT PLANCHES.)

1. Magasin de bronzes, boulevard des Capucines, nº 6, à Paris, par M. F. de la Morandière, architecte. Coupe longitudinale et plan (rez-de-chaussée).
2. *Idem.* Coupe longitudinale et plan (entresol).
3-4. *Idem.* Plan général et détails du mobilier.
5. Bazar du voyage, boulevard des Capucines, nº 35, à Paris, par M. Sott, architecte. Vue perspective.
6. Débit de liqueurs (aujourd'hui détruit), place du Palais-Royal, à Paris, par M. E. Petit, architecte. Mobilier.
7. *Idem.* Mobilier,
8. Magasin de bijouterie, rue de la Paix, nº 15, à Paris, par MM. E. Delaistre, architecte, et Fourdinois, ébéniste. Vue perspective.
9. Magasin de cristaux, rue Coquillière, à Paris, par M. Gaudré, architecte. Coupe longitudinale et plan.
10. Magasin de cristaux, rue Coquillière, à Paris, par M. Gaudré, architecte. Détails du mobilier, etc.
11. Café-Restaurant, gare du chemin de fer de Lyon, à Paris, par M. H. Fèvre, architecte. Coupes longitudinales, plan et plafond.
12. *Idem.* Deux coupes transversales.
13-14. (*Chromo.*) *Idem.* Peintures, lambris et divan.
15. *Idem.* Horloge et détails divers.
16. *Idem.* Couronnement des lambris, détails divers.
17. Magasin, au Palais-Royal, galerie de Valois, nº 152, à Paris, par MM. Hucé et Demimuid, architectes. Coupes et plan.
18. *Idem.* Mobilier et détails divers.

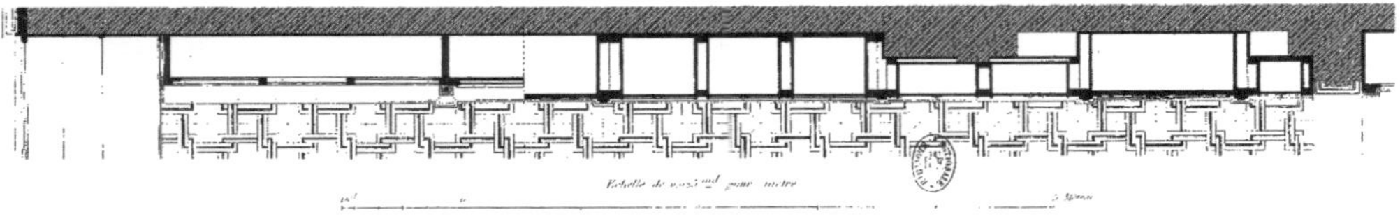

L'ARCHITECTURE PRIVÉE AU XIXme SIÈCLE

PAR Mr CÉSAR DALY, ARCte

Coupe horizontale à la hauteur de AB.

Echelle de 0,02 pour mètre

MAGASIN DE BRONZES

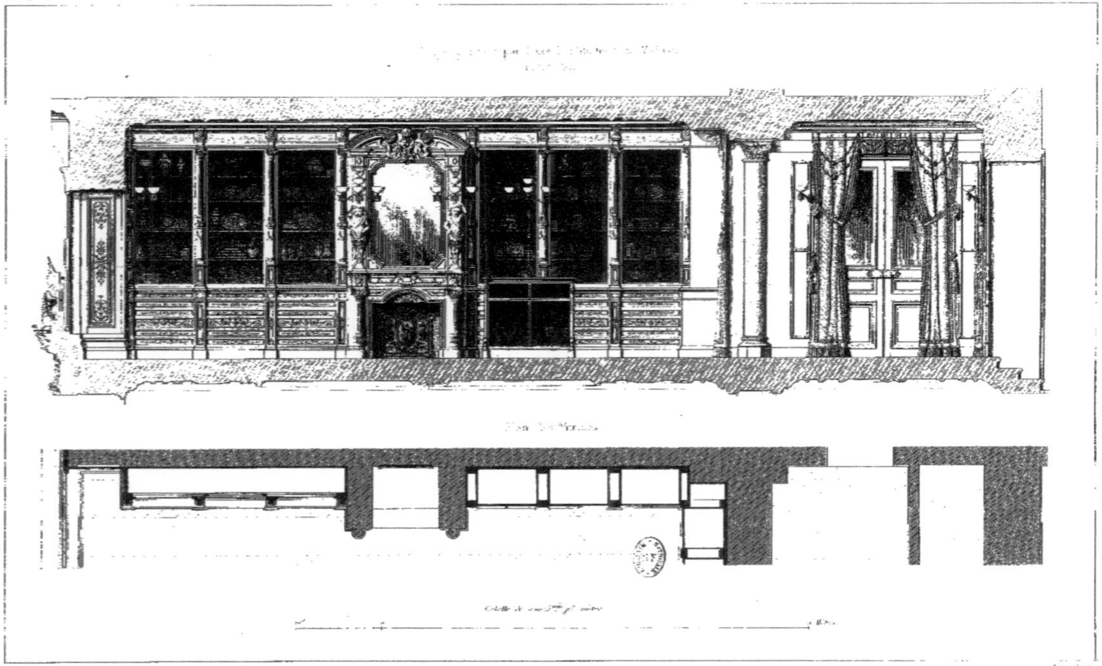

PAR Xr CÉSAR DALY, ARCHte

MAGASIN DE BRONZES

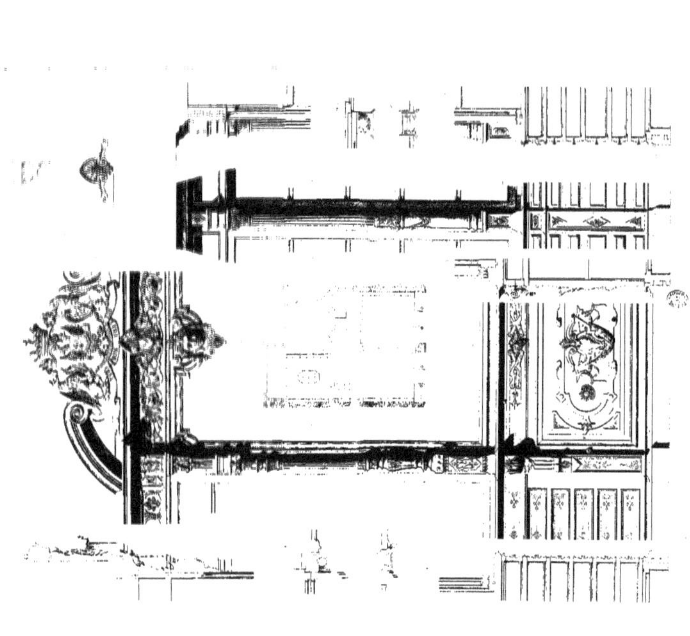

L'ARCHITECTURE PRIVÉE AU XIXme SIÈCLE

PAR Mr CÉSAR DALY, ARCHte

BAZAR DU VOYAGE

DÉBIT DE LIQUEURS

DÉBIT DE LIQUEURS

Place du Palais Royal, à Paris

par Mr [illegible], Archte

L'ARCHITECTURE PRIVÉE AU XIXME SIÈCLE

PAR M. CÉSAR DALY, ARCHITECTE

MAGASIN DE BIJOUTERIE

L'ARCHITECTURE PRIVÉE AU XIXME SIÈCLE

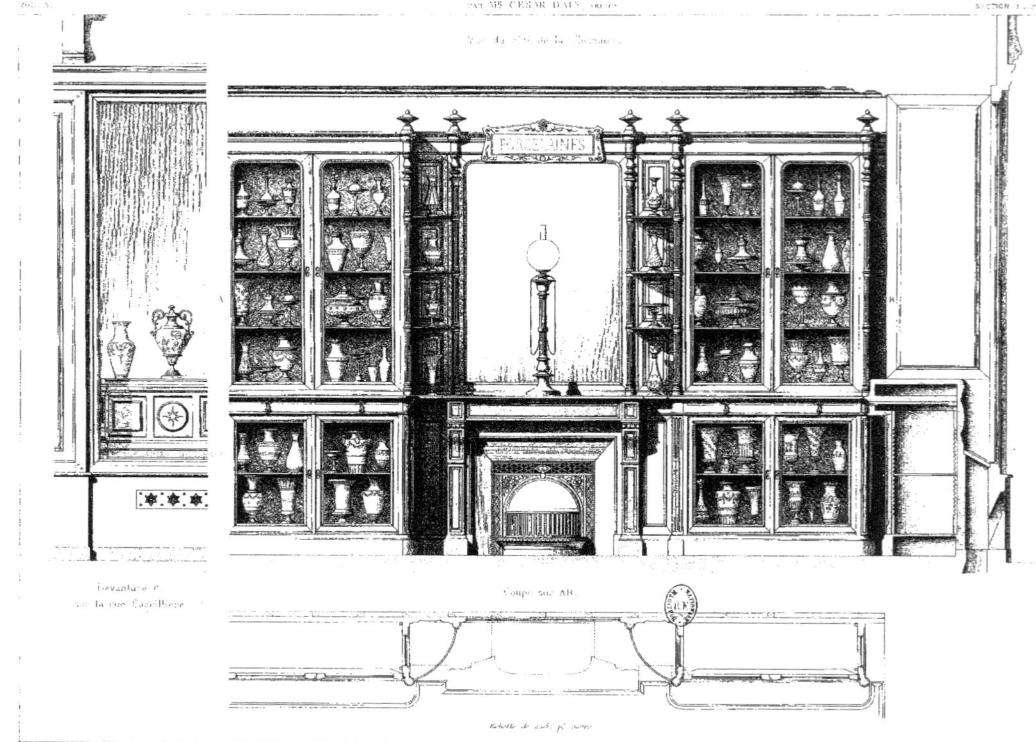

MAGASIN DE CRISTAUX

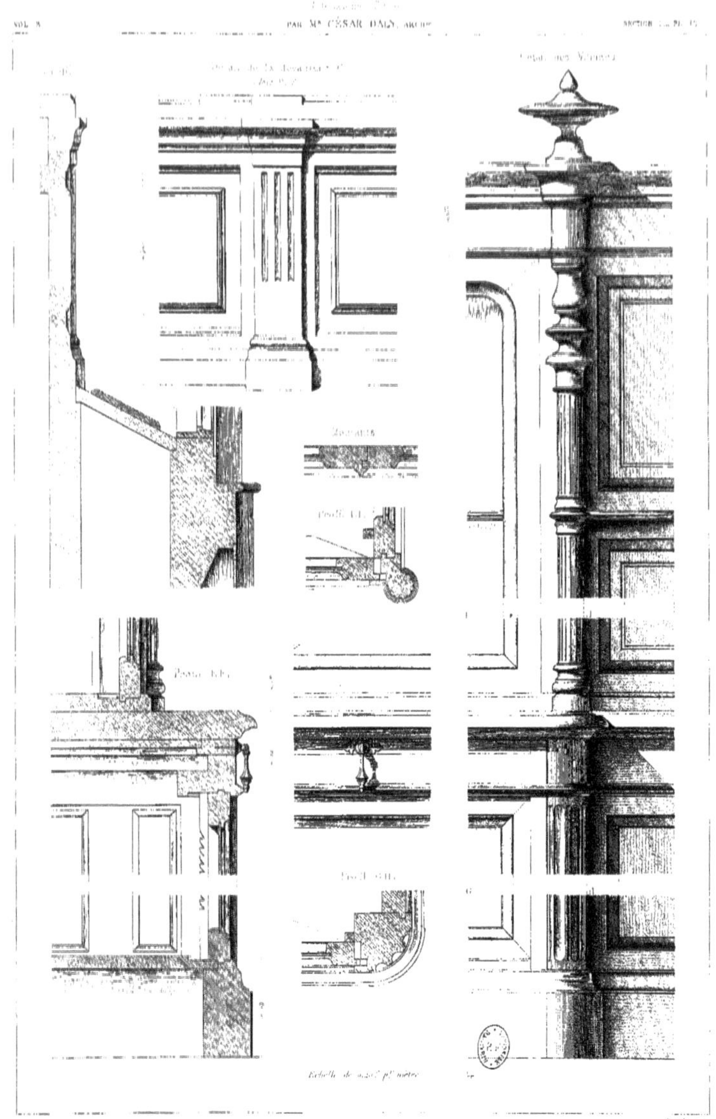

MAGASIN DE CRISTAUX

L'ARCHITECTURE PRIVÉE AU XIXme SIÈCLE

PAR MR CÉSAR DALY, ARCH^{TE}

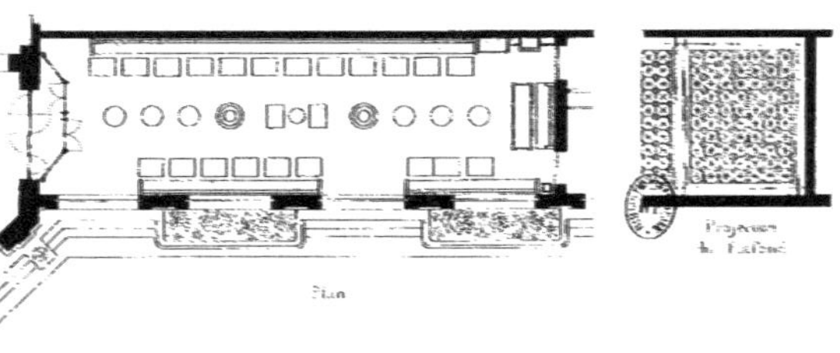

CAFÉ-RESTAURANT

Coupe sur EF.
(Voir Pl. 10.)

Coupe sur GH.

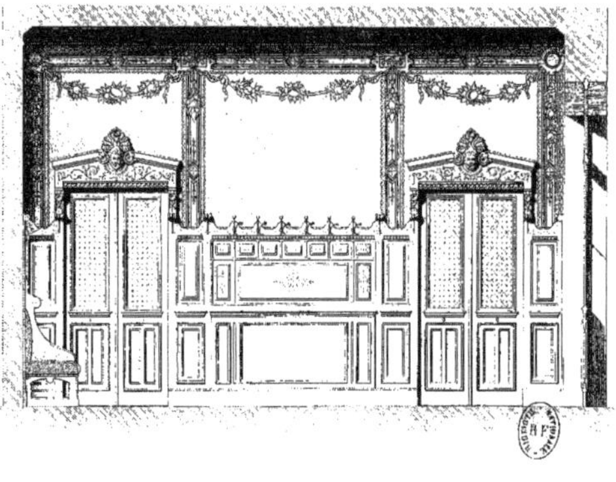

Echelle de 0,025 p^r mètre

0 1 ... 5 Mètres

Bourdet sc.

CAFÉ - RESTAURANT

Gare du Chemin de Fer de Lyon à Paris

par MR H. FEVRE, architecte

Imp. Lemercier, r. de Seine, 57, Paris.

CAFÉ RESTAURANT

CAFÉ-RESTAURANT

Imp. Salmon ... Paris.

CAFÉ - RESTAURANT

L'ARCHITECTURE PRIVÉE AU XIXme SIÈCLE

par Mr CÉSAR DALY, archte

MAGASIN DE BIJOUTERIE

L'ARCHITECTURE PRIVÉE AU XIXME SIÈCLE

PAR Mr CÉSAR DALY, ARCHTE

MAGASIN DE BIJOUTERIE

ARCHITECTURE PRIVÉE

(DEUXIÈME SÉRIE)

VOLUME III — SECTION II

Décorations des parties communes des habitations : Passages de porte cochère et d'allée, Passages-vestibules, Cages d'escalier, etc., etc.

(VINGT ET UNE PLANCHES.)

1. Passage de porte-cochère, boulevard Magenta, n° 114, à Paris, par M. Sevestre, architecte. Coupe longitudinale et plan.
2. *Idem.* Détails.
3. Passage de porte-cochère, boulevard Haussmann, n° 15, à Paris, par MM. P. et W. Chabrol, architectes. Coupe longitudinale et plan.
4. Passages de porte-cochère (Cinq), à Paris. *Parallèle.*
5. Passage-vestibule, rue Guénégaud, n° 32, à Paris, par M. Bruyerre, architecte. Coupe longitudinale, plan et détail.

6-7. (*Chromo.*) *Idem.* Détails.

8-9. (*Chromo.*) *Idem.* Détails.

10. Passage-vestibule, boulevard de Sébastopol, n° 63, à Paris, par M. Ch. Garnier, architecte. Coupe longitudinale et détails divers.

11-12. (*Chromo.*) Passage-vestibule, boulevard Saint-Michel, n° 8, à Paris, par M. Tremblay, architecte. Coupe longitudinale, plafond et détails.

13. Passages-vestibules (Huit), à Paris. *Parallèle.*

14-15. Passages-vestibules (Neuf), à Paris. *Parallèle.*

16. Cage d'escalier du magasin de bronzes, boulevard des Capucines, n° 6, à Paris, par M. F. de la Morandière, architecte. Coupe longitudinale et coupe transversale.
17. *Idem.* Détails.
18. Cage d'escalier d'un hôtel privé, boulevard Monceaux, à Paris, par M. Botrel, architecte. Coupe générale.
19. Cages d'escalier d'une villa, à Saint-Maur (Seine), par M. P. Manguin, architecte. Coupe et plans.
20. *Idem.* Coupe et plafond.
21. Vestibule d'attente de l'hôtel Cavaillé-Coll, avenue du Maine, n° 15, à Paris, par M. Millaut, architecte. Coupe transversale, plan et détails.

L'ARCHITECTURE PRIVÉE AU XIXᴹᴱ SIÈCLE

PAR Mʳ CÉSAR DALY, ARCHᵗᵉ

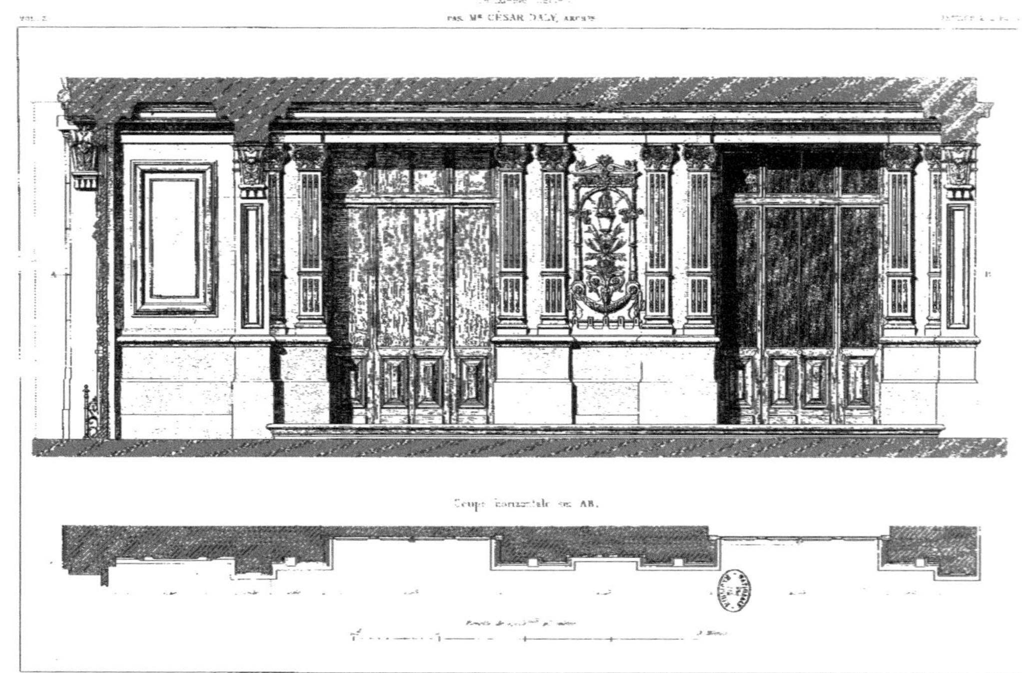

PASSAGE DE PORTE COCHÈRE

Boulevard Magenta, Nº 114, à Paris.

par Mʳ E. SEVESTE, architecte

PASSAGE DE PORTE-COCHÈRE

L'ARCHITECTURE PRIVÉE AU XIXme SIÈCLE

PAR Mr CÉSAR DALY, ARCHte

PASSAGE DE PORTE COCHÈRE

Boulevard Haussmann, N° [illegible] Paris.

L'ARCHITECTURE PRIVÉE AU XIXme SIÈCLE

PAR Mr CÉSAR DALY, ARCH[te]

RUE DE MARIGNAN.

AVENUE DES CHAMPS-ÉLYSÉES.

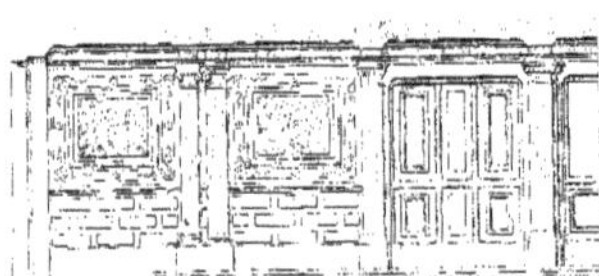

BOULEVARD DE STRASBOURG

Échelle de 0m01 p.r mètre

Mètres

PARALLÈLE DE PASSAGES DE PORTES COCHÈRES

À PARIS

L'ARCHITECTURE PRIVÉE AU XIXme SIÈCLE

PAR Mr CÉSAR DALY, ARCHTE

VESTIBULE

L'ARCHITECTURE PRIVÉE AU XIXme SIÈCLE

(Deuxième Série)

PAR Mr CÉSAR DALY, ARCHte

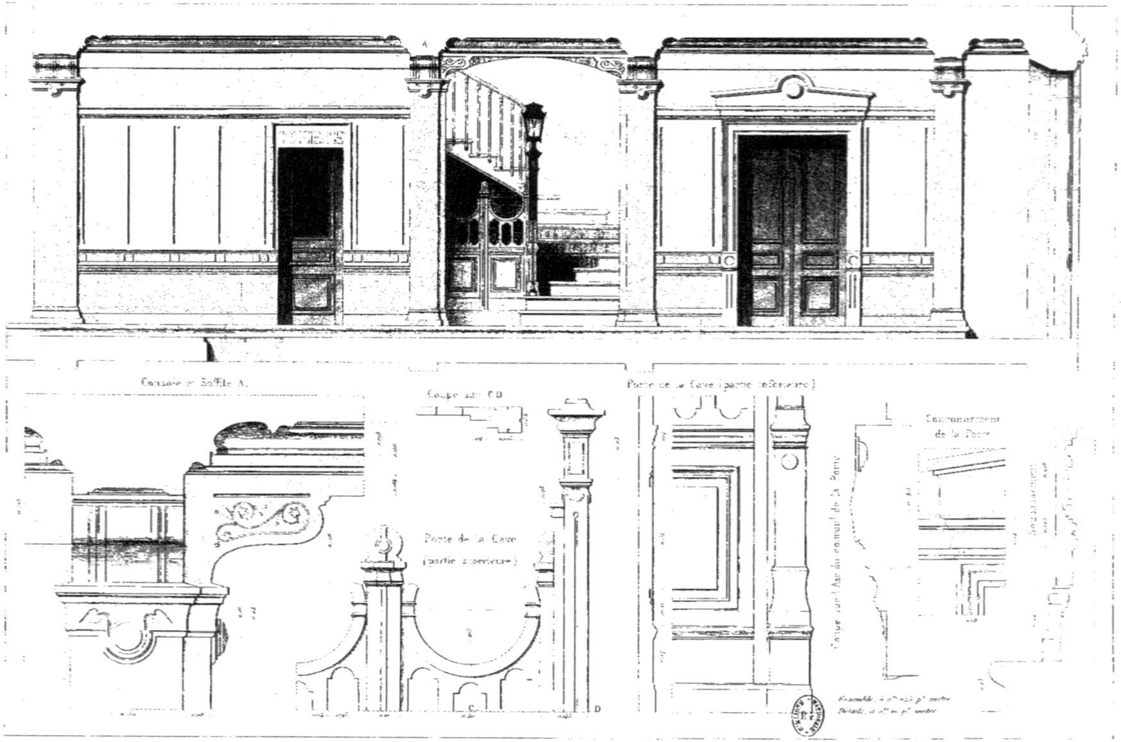

Console et Soffite A.

Coupe sur CD

Porte de la Cave (partie supérieure)

Porte de la Cave (partie inférieure)

Coupe sur l'Axe du convoi de la Porte

Couronnement de la Porte

Soubassement

Ensemble, à 0m,033 p. mètre

Détails, à 0m,10 p. mètre

VESTIBULE

Maison, Boulevard de Sébastopol, Nº 55, à Paris,

PAR Mr CHARLES GARNIER, ARCHte

L'ARCHITECTURE PRIVÉE AU XIXme SIÈCLE

PAR M. CÉSAR DALY, ARCHTE

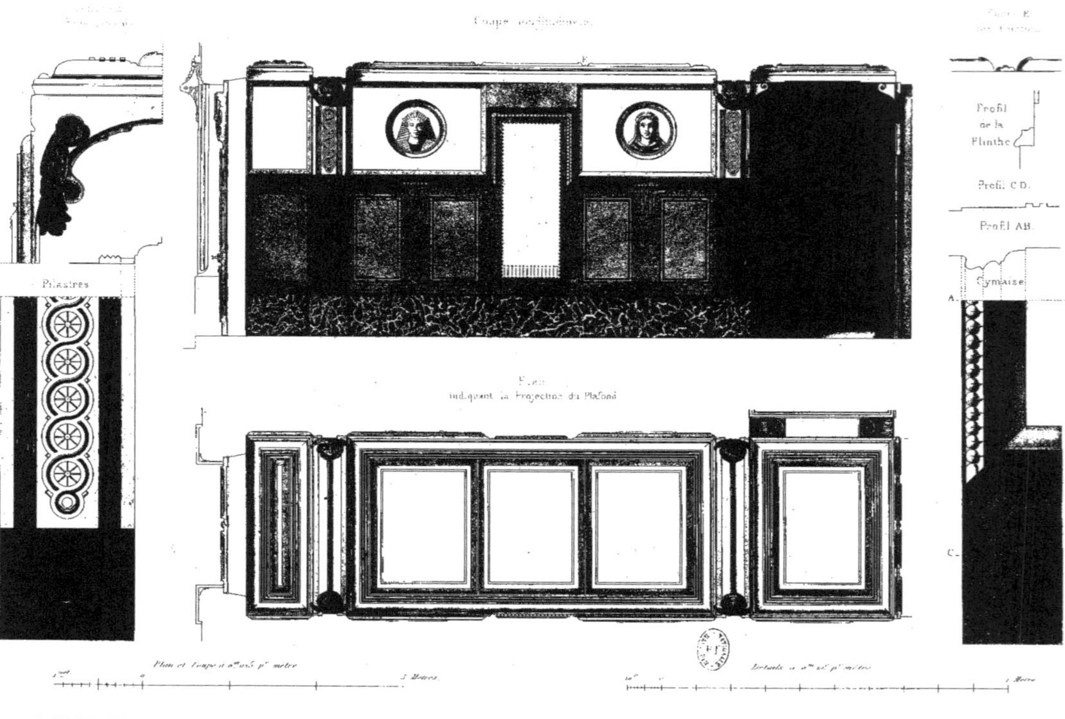

VESTIBULE

L'ARCHITECTURE PRIVÉE AU XIXme SIÈCLE

PAR Mr CÉSAR DALY, ARCHte

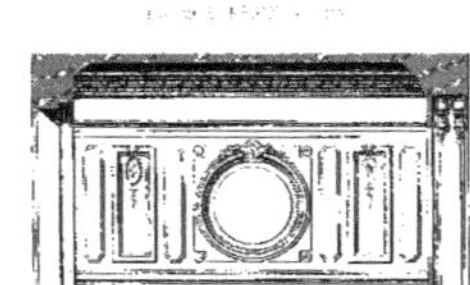

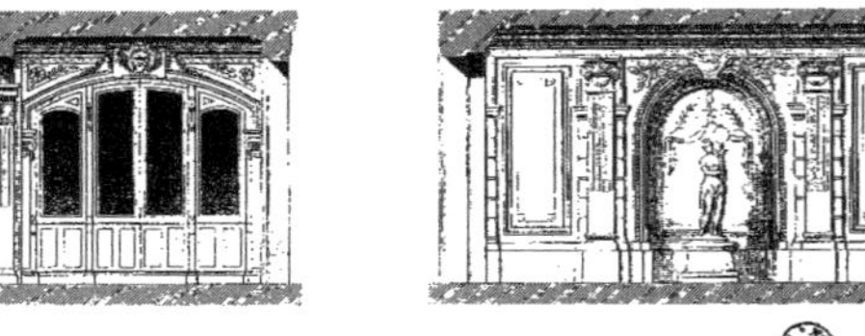

Echelle de ... pr mètre

PARALLÈLE DE VESTIBULES

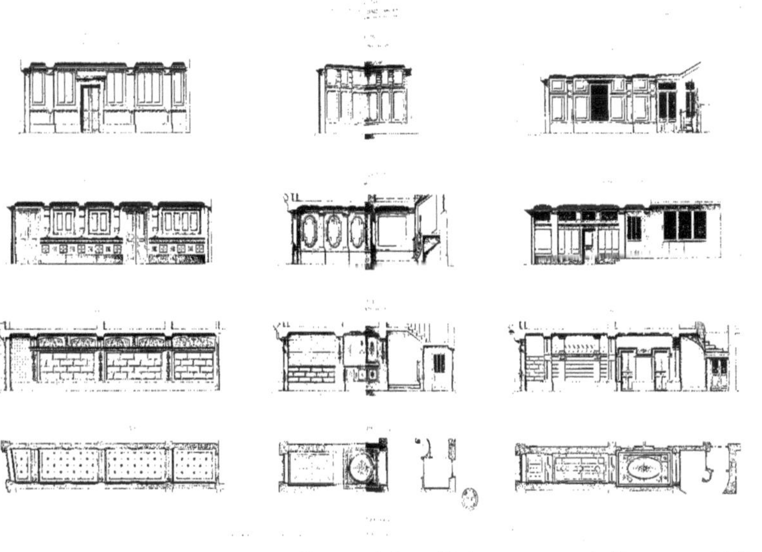

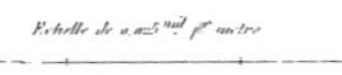

Échelle de 0,025 mill. p^r mètre

4 Mètres

MAGASIN DE BRONZES

Boulevard des Capucines, N° 6, à Paris

par Mʳ DE LA MORANDIÈRE, Archte

Imp. A. Salmon, Vieille-Estrapade 15, Paris

L'ARCHITECTURE PRIVÉE AU XIXME SIÈCLE

PAR M. CÉSAR DALY, ARCHTE

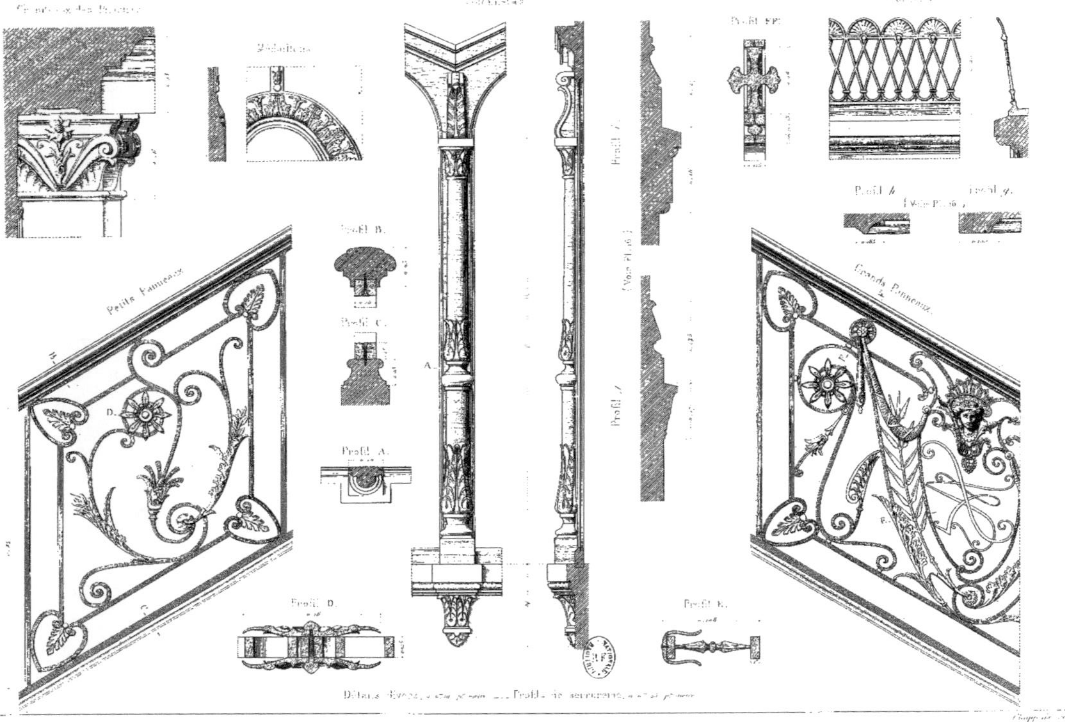

Détails divers ... Profils de serrurerie

MAGASIN DE BRONZES

Boulevard des Capucines, Nº 6, à Paris — Détails de l'Escalier

Échelle de [illegible] pr mètre — Chappuis [illegible]

CAGE D'ESCALIER

[illegible] Boulevard Monceau à Paris

[illegible]

Imp. [illegible] Vieille Estrapade [illegible]

L'ARCHITECTURE PRIVÉE AU XIXme SIÈCLE

PAR Mr CÉSAR DALY, ARCHte

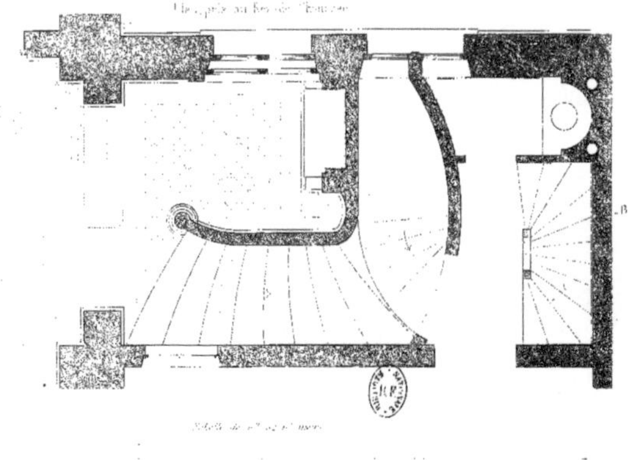

CAGES D'ESCALIERS

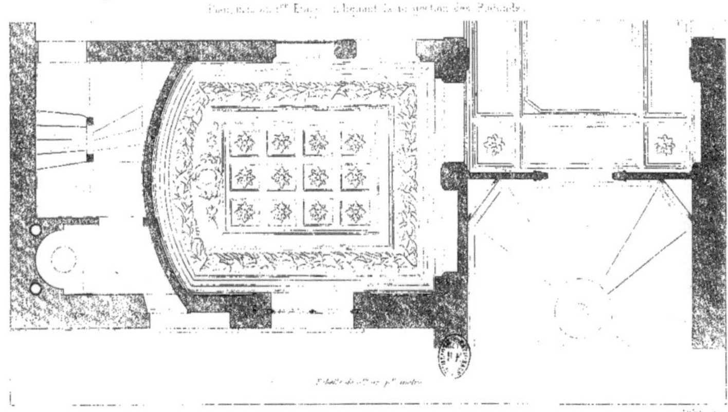

Échelle de 0^m,02 p^r mètre

CAGES D'ESCALIERS

L'ARCHITECTURE PRIVÉE AU XIXme SIÈCLE

PAR Mr CÉSAR DALY, ARCHte

VESTIBULE D'ATTENTE

de l'Hôtel [illegible] Avenue d[illegible], N° 15, à Paris

ARCHITECTURE PRIVÉE

(DEUXIÈME SÉRIE)

VOLUME III — **SECTION III**

Décorations d'appartement : Antichambres, Salles à manger, grands et petits Salons, Galeries, Salles de billard, Chambres à coucher, Cabinets de toilette, Cabinets de travail.

(VINGT-DEUX PLANCHES.)

1. Antichambres, l'une par M. Blondel, architecte, et l'autre par M. Brouty, architecte. Coupes longitudinales et plans.
2. Salle à manger d'une villa à Saint-Maur (Seine), par M. P. Manguin, architecte. Coupe longitudinale et détails.
3. Salle à manger de l'hôtel Cavaillé-Coll, avenue du Maine, nº 15, à Paris, par M. Millaut, architecte. Coupes.
4. Salle à manger d'un hôtel, rue François Ier, nº 30, à Paris, par M. Mangeant, architecte. Vue perspective.
5. Salle à manger d'un hôtel, boulevard Arago, nº 103, à Paris, par M. Huguelin, architecte. Vue perspective.
6. Grand salon d'une villa, à Saint-Maur (Seine), par M. P. Manguin, architecte. Coupe longitudinale.
7. Petit salon d'une villa, à Saint-Maur (Seine), par M. P. Manguin, architecte. Coupe longitudinale.
8. Salons d'un hôtel, avenue d'Iéna, nº 61, à Paris, par M. H. Fèvre, architecte. Coupes diverses, plan et détails.
9. Grand salon d'un hôtel, avenue d'Iéna, nº 63, à Paris, par M. H. Fèvre, architecte. Vue perspective, plan et détails.
10. Salon d'un hôtel, boulevard Saint-Germain, nº 143, à Paris, par MM. Blondel, architecte, Delapierre et Baillif, sculpteurs-ornemanistes. Coupes et plan.
11. Petit salon d'un hôtel, rue François Ier, nº 30, à Paris, par M. Mangeant, architecte. Vue perspective et détails.
12. Grand salon d'un hôtel, rue François Ier, nº 30, à Paris, par M. Mangeant, architecte. Détails.
13. Galerie de dégagement d'un hôtel, rue du Louvre, nº 2, à Paris, par M. Brouty, architecte. Coupe longitudinale et plafond.
14. Galerie de tableaux d'un hôtel, au parc Monceaux, à Paris, par M. Janicot, architecte. Coupe longitudinale et plan.
15. *Idem*. Coupe transversale et détails.
16. Salle de billard d'un hôtel, au parc Monceaux, à Paris, par M. Parent, architecte. Vue perspective, plan et détails.
17. Chambre à coucher d'un hôtel, boulevard Arago, nº 103, à Paris, par M. Huguelin, architecte. Coupe transversale, plan et détails.
18. Chambre à coucher d'une villa, à Saint-Maur (Seine), par M. P. Manguin, architecte. Coupe transversale (vue du côté du lit) et plan.
19. *Idem*. Coupe transversale (vue du côté de la cheminée) et plan.
20. Cabinet de toilette d'un hôtel, au parc Monceaux, à Paris, par M. Parent, architecte. Coupe longitudinale et plan.
21. Cabinet de travail d'une maison rue de Chabrol, nº 17, à Paris, par MM. Delapierre et Baillif, sculpteurs-ornemanistes. Coupes longitudinales, plan et détails.
22. Cabinet de travail d'un hôtel, boulevard Arago, nº 103, à Paris, par M. Huguelin, architecte. Vue perspective.

[illegible]

PAR Mr [illegible] ARCHte [illegible]

Plan

Rue du Louvre N° 2

PAR Mr [illegible] ARCHte

Plan

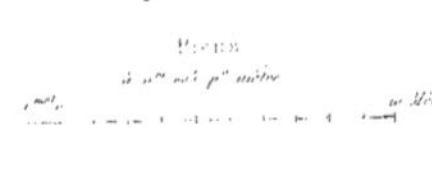

Plans

[illegible]

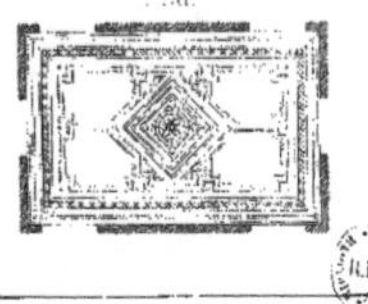

Elevations

[illegible]

[illegible]

ANTICHAMBRES

[illegible]

[illegible]

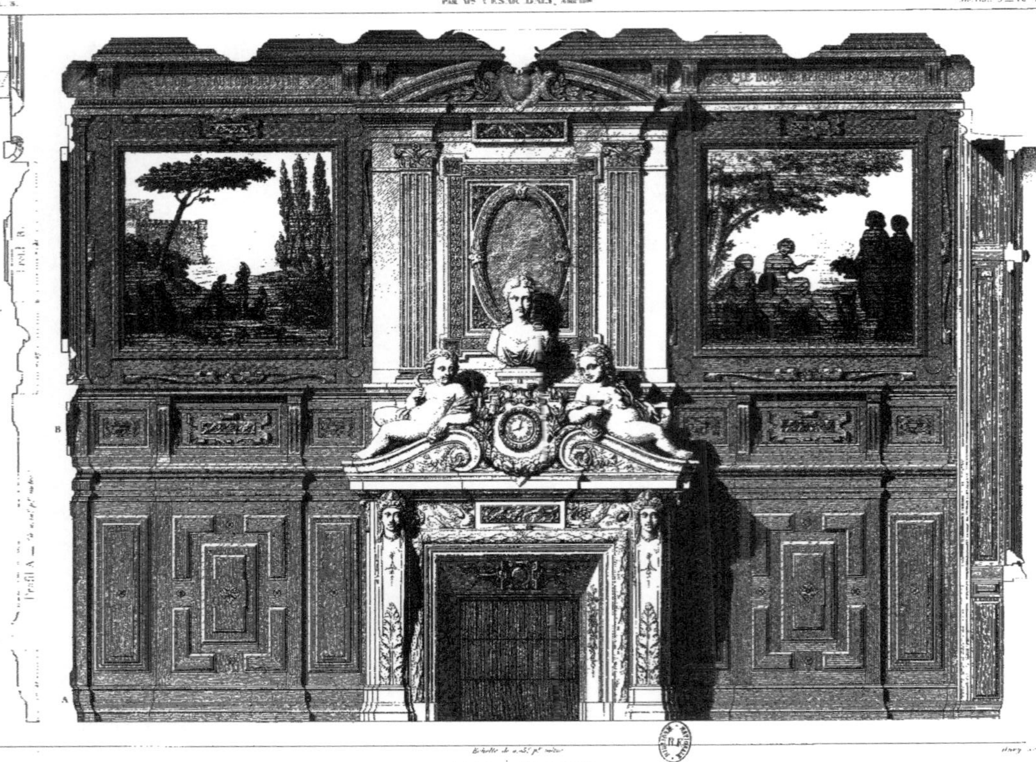

Échelle de 0,05 p^r mètre

SALLE À MANGER

Villa, à St Maur (près Paris)

PAR MR F. MANGUIN, Archte

Imp. Lemercier, r. de Seine 57, Paris

L'ARCHITECTURE PRIVÉE AU XIXme SIÈCLE

par Mr CÉSAR DALY, Archte

SALLE À MANGER

SALLE À MANGER

SALLE À MANGER

d'un Hôtel Boulevard ...

Échelle de 0.05 p. mètre

GRAND SALON

Villa à St Maur (près Paris)

PAR MR P. MARGUIN, ARCH^TE

L'ARCHITECTURE PRIVÉE AU XIXe SIÈCLE

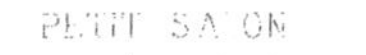

PETIT SALON

Grand Salon — Coupe sur AB.

Petit Salon — Coupe sur CD.

Plan

A B C D

Petit Salon — Coupe de Glace et Portes

SALONS

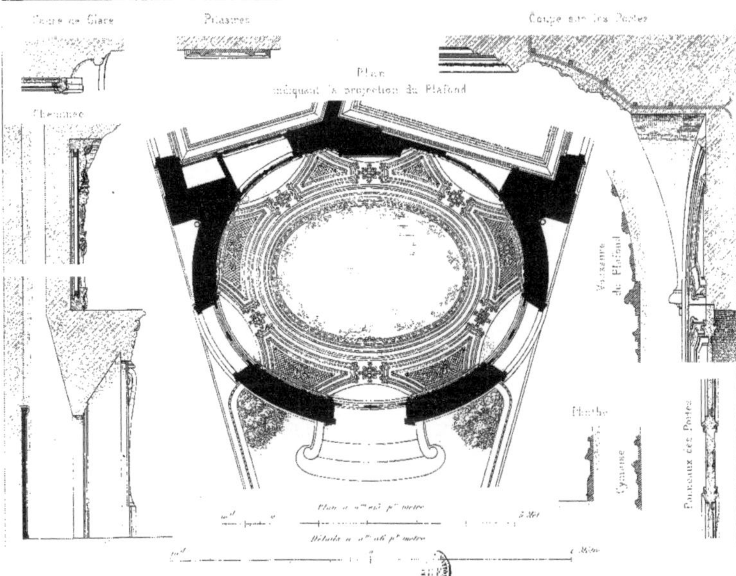

Cadre de Glace
Pilastres
Coupe sur les Portes
Plan
indiquant la projection du Plafond
Cheminée
Voussure du Plafond
Plinthe
Cymaise
Panneaux des Portes

GRAND SALON

L'ARCHITECTURE PRIVÉE AU XIXme SIÈCLE

PAR Mr CÉSAR DALY, ARCHte

PETIT SALON

d'un Hôtel, Boulevard St Germain, N° 123, à Paris.

L'ARCHITECTURE PRIVÉE AU XIXme SIÈCLE

PAR Mr CÉSAR DALY ARCHte

Détail de la corniche du plafond

Lambris

Couronnement de la glace

Plafond

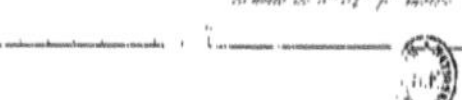

PETIT SALON

[illegible]

GRAND SALON

d'un Hôtel Rue [illegible] à Paris

PAR Mr MANGEANT Archte

L'ARCHITECTURE PRIVÉE AU XIXme SIÈCLE

PAR Mr CÉSAR DALY, ARCHTE

Vol. 2

GALERIE DE DÉGAGEMENT

Coupe longitudinale

Projection de la Galerie et du Parquet.

Projection de la Galerie et du Chassis vitré

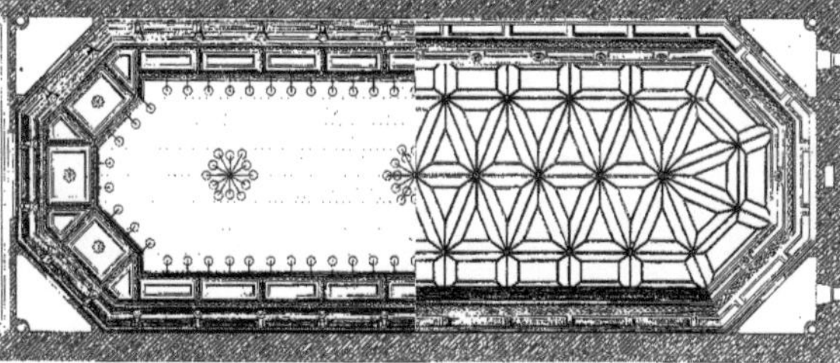

Échelle de 0^{m},01 p^{r} mètre.

10 Mètres

GALERIE DE TABLEAUX

[illegible]

[illegible]

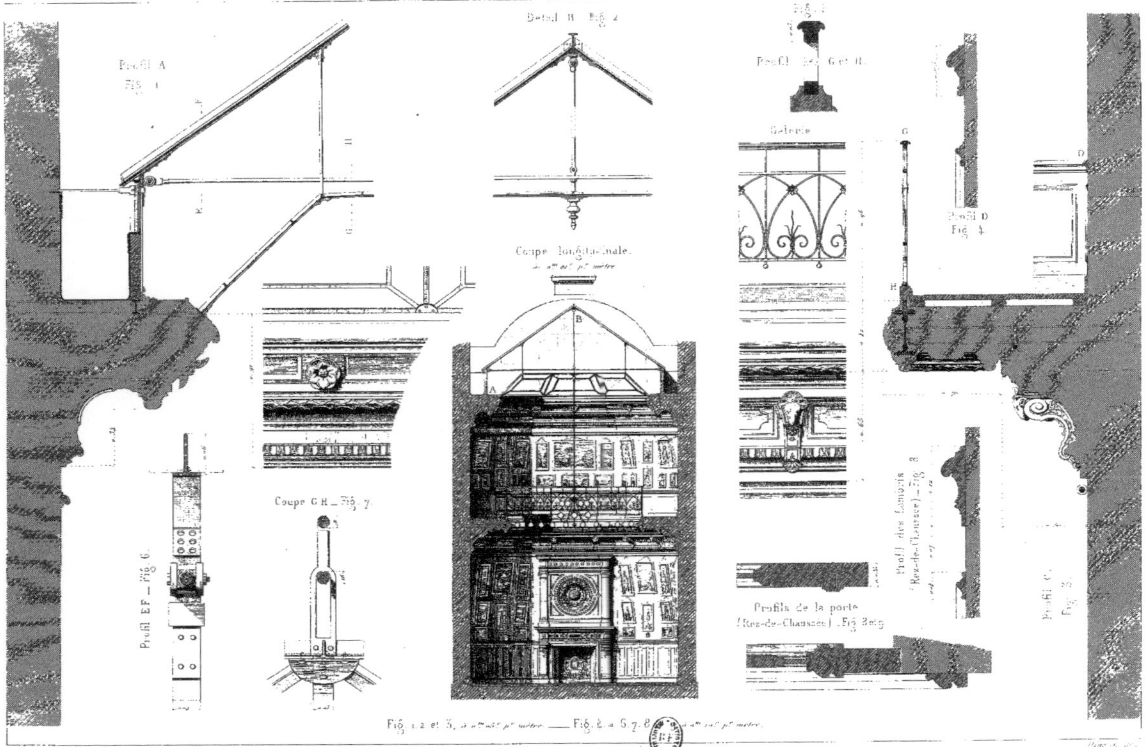

GALERIE DE TABLEAUX

d'un Hôtel au Parc Monceaux, à Paris.

par Mr JAMICOT, Archte

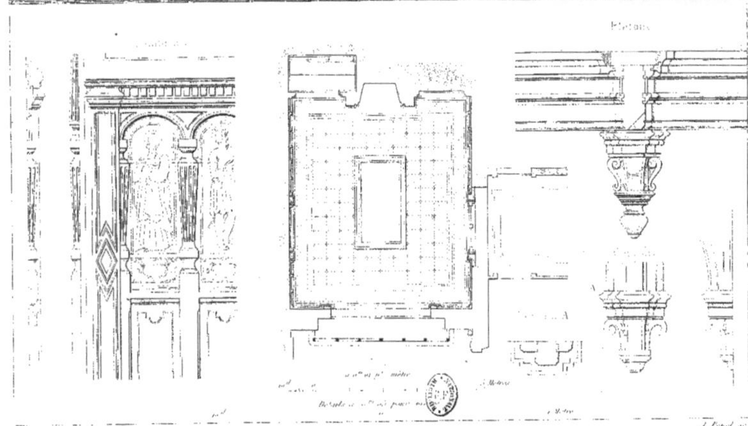

SALLE DE BILLARD

CHAMBRE À COUCHER

L'ARCHITECTURE PRIVÉE AU XIXme SIÈCLE

PAR Mr CÉSAR DALY, ARCHte

CHAMBRE À COUCHER

CHAMBRE À COUCHER

CABINET DE TOILETTE

Parc Monceaux, à Paris

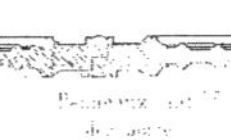
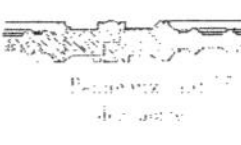
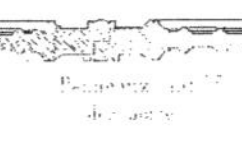
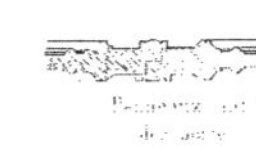
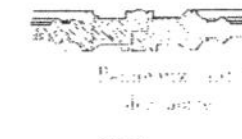
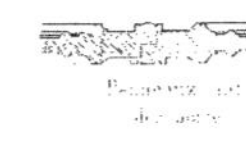

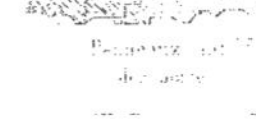
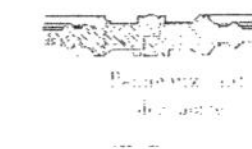

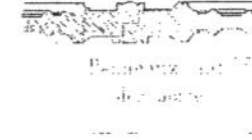
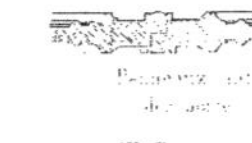
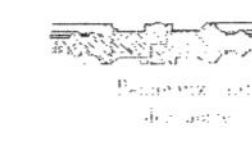

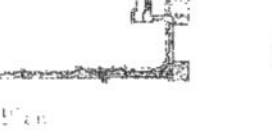
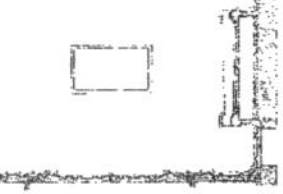

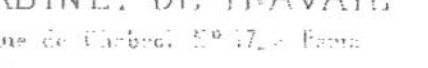
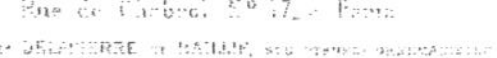

Vue du côté de la Bibliothèque

Panneaux suprs de la Bibliothèque

Panneaux infrs et Pilastres des Lambris

Pilastres suprs de la Bibliothèque

Plafond

Échelle des Élévations

Échelle des Plans

Échelle des Détails

Plan

CABINET DE TRAVAIL

Rue de Chabrol, N° 17, à Paris

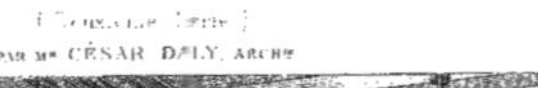

CABINET DE TRAVAIL
d'un Hôtel Boulevard Arago N° 103, à Paris
par Mr [illegible], Archte

ARCHITECTURE PRIVÉE

(DEUXIÈME SÉRIE)

VOLUME III — SECTION IV

Détails divers : Portes de salon et de salle à manger, Trumeaux, Plafonds, Corniches, etc., etc.

(DIX-NEUF PLANCHES.)

1. Porte de salle à manger d'une villa, à Saint-Maur (Seine), par M. P. MANGUIN, architecte. Ensemble, coupe, plan et détails.
2. Porte de salon d'un hôtel, boulevard Monceaux, à Paris, par M. BOTREL, architecte. Ensemble, plan et détails.
3. Porte de salon, à l'Exposition universelle de 1867, par MM. DELAPIERRE et BAILLIF, sculpteurs-ornemanistes. Ensemble, coupe et détails.
4. Trumeau de salon, à l'Exposition universelle de 1867, par MM. DELAPIERRE et BAILLIF, sculpteurs-ornemanistes. Ensemble, coupe et détails.
5. Plafond de grand salon d'une villa, à Saint-Maur (Seine), par M. P. MANGUIN, architecte.
6. Plafond de petit salon d'une villa, à Saint-Maur (Seine), par M. P. MANGUIN, architecte.
7. Plafond de salle à manger d'une villa, à Saint-Maur (Seine), par M. P. MANGUIN, architecte.
8. Plafond de salle de billard d'une villa, à Saint-Maur (Seine), par M. P. MANGUIN, architecte.
9. Corniches de plafond d'un hôtel privé, rue de la Victoire, n° 47, à Paris, par M. RUPRICH-ROBERT, architecte. Coupes et détails.
10. Corniches de plafond d'un hôtel privé, rue de la Victoire, n° 47, à Paris, par M. RUPRICH-ROBERT, architecte. Coupes et détails.

11-12. Plafonds de salle à manger d'un hôtel privé, rue de la Victoire, n° 47, à Paris, par M. RUPRICH-ROBERT, architecte. Plan et détails.

13. Corniches de plafond de petit salon et de serre d'un hôtel privé, rue de la Victoire, n° 47, à Paris, par M. RUPRICH-ROBERT, architecte. Coupes et détails.
14. Corniches de plafond de pièces diverses d'un hôtel privé, rue de la Victoire, n° 47, à Paris, par M. RUPRICH-ROBERT, architecte. Coupes et détails.
15. Plafond de salon d'un hôtel, boulevard Monceaux, à Paris, par M. BOTREL, architecte.
16. Plafond du rez-de-chaussée du magasin de bronzes, boulevard des Capucines, n° 6, à Paris, par M. F. DE LA MORANDIÈRE, architecte.
17. Plafond de l'entre-sol du magasin de bronzes, boulevard des Capucines, n° 6, à Paris, par M. F. DE LA MORANDIÈRE, architecte.

18-19. (*Chromo*) Plafond de la salle à manger de M. César Daly, rue Sorbonne, n° 6, à Paris, par M. DENUELLE, peintre-décorateur.

L'ARCHITECTURE PRIVÉE AU XIXme SIÈCLE

VOL. 3 — PAR Mr CÉSAR DALY, ARCHTE — SECTION

PORTE

PORTE

PORTE DE SALON

PAR MR CÉSAR DALY, ARCH^TE

TRUMEAU DE SALON

PLAFOND

L'ARCHITECTURE PRIVÉE AU XIXme SIÈCLE

PAR Mr CÉSAR DALY, ARCH[te]

Échelle de 0,02 p[r] mètre.

PLAFOND

PLAFOND

Imp. A. Lemercier & Cie

L'ARCHITECTURE PRIVÉE AU XIXME SIÈCLE

VOL. 3. PAR MR CÉSAR DALY, ARCH^TE SECTION 4 PL. 8

Coupe AB.

Salle de Billard

A B

PLAFOND

Nu du Plafond

Nu du Mur

GRAND SALON ___ CORNICHE DU PLAFOND

Échelle de 0,10 22 pour mètre

Clappius sc.

PLAFOND

Hôtel Rue de la Victoire, N° 47, à Paris

Par MR RIGOLET-DURET, Arch^te

Imp. A. Salmon, r. Vieille Estrapade 15, Paris

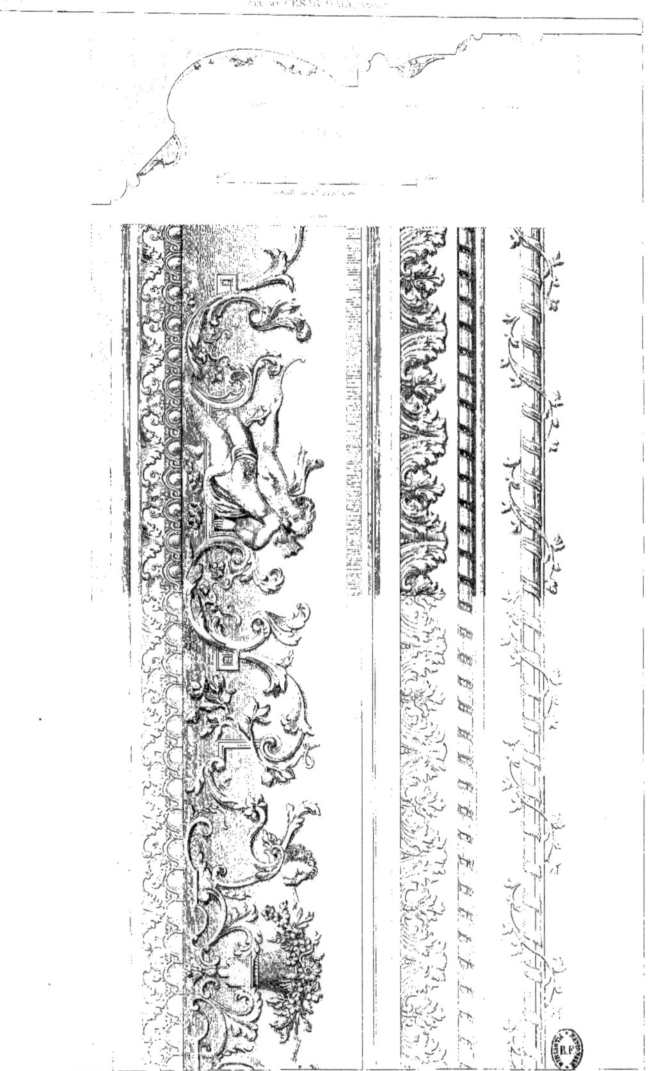

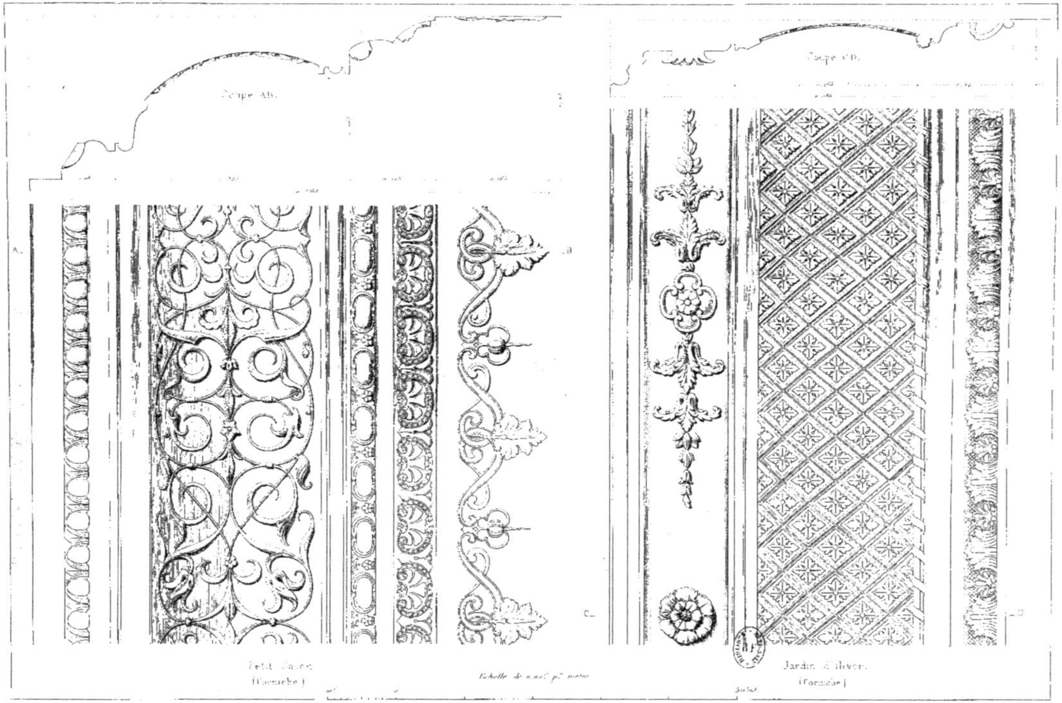

L'ARCHITECTURE PRIVÉE AU XIXME SIÈCLE

PAR MR CÉSAR DALY, ARCHITECTE

SECTION 4 _ PL. 15

Coupe AB.

Coupe CD.

A

B

C

D

Petit Salon
(Corniche)

Échelle de 0,20 pr mètre

Jardin d'hiver
(Corniche)

PLAFONDS

Hôtel Rue de la Victoire No 42, à Paris

PLAFONDS

PLAFOND

[illegible] PRIVÉE AU XIXme SIÈCLE

par M. CÉSAR DALY, archte

Échelle de l'Ensemble … p. mètre

1 Mètre

Échelle des Profils … p. mètre

1 Mètre

PLAFOND

… Boulevard des Capucines, N° … Paris

… ARCHte

L'ARCHITECTURE PRIVÉE AU XIXme SIÈCLE

PAR Mr CÉSAR DALY, ARCHte

PLAFOND

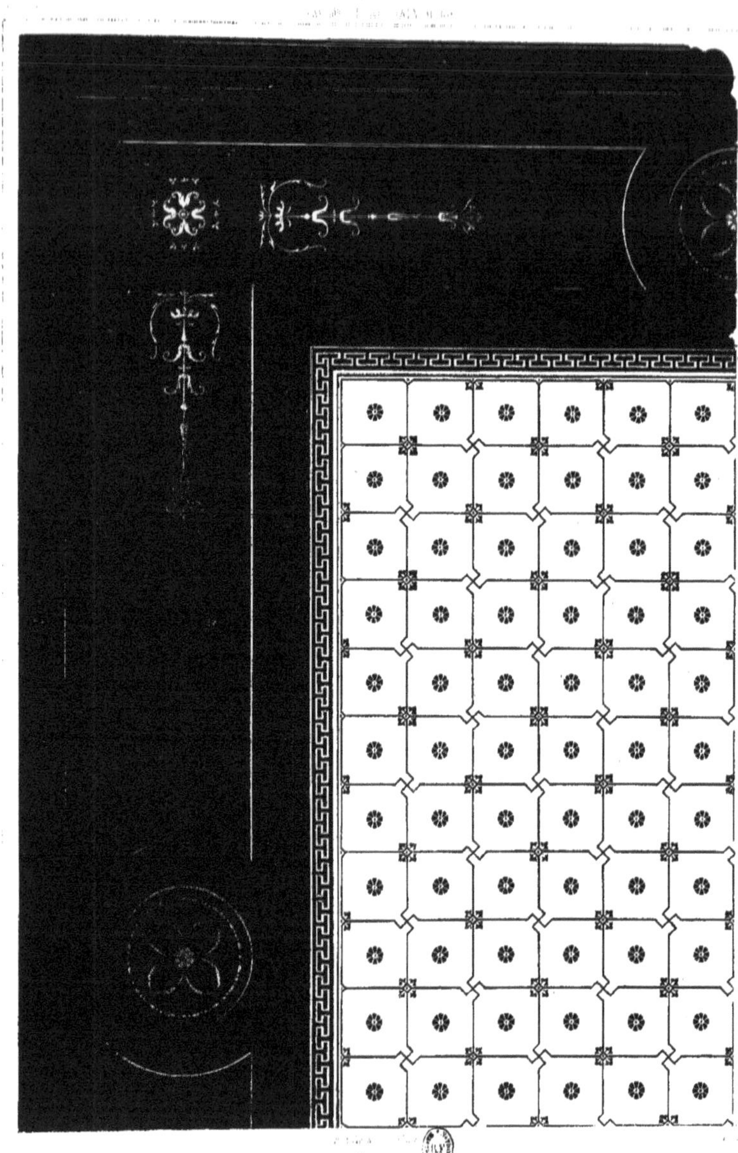

www.ingramcontent.com/pod-product-compliance
Ingram Content Group UK Ltd.
Pitfield, Milton Keynes, MK11 3LW, UK
UKHW021152260726
13994UKWH00001B/418